EL CEREBRO
MILLONARIO 3

Por Emir Samsores

Publicado en España Por:

Emir Samsores

© Copyright 2017

ISBN-13: 978-1545021088
ISBN-10: 1545021082

Tabla de Contenido

Introducción

Hace tan solo 100 años en todo el mundo existían muy pocos vehículos, no habían ni carreteras ni autopistas, solo caminos. Tampoco existían los medios de comunicación modernos radio, televisión e internet.

Apenas empezaba la conversión de la sociedad agrícola a la sociedad industrial.

Pero pasaron además del tiempo, cosas importantes. En los últimos 100 años el desarrollo de la humanidad de manera notable y acelerada se ha duplicado y con ello su esperanza de vida.

Pero quedó una asignatura pendiente, este sistema no logró erradicar la pobreza ni la desigualdad.

Otro factor a considerar en este orden de ideas, es que la economía mundial empieza a mostrar el agotamiento del modelo industrial. Las familias que en promedio tenían más de 5 hijos en los años 50, han pasado a apenas 2 hijos por pareja.

Esto trae como consecuencia que la distribución de la población por edades está dejando de ser la clásica pirámide. Hoy por cada adulto en edad de retiro hay cada vez menos jóvenes en edad productiva que financien la seguridad social de los mayores.

Aparte el factor de aumento de la longevidad hace que las personas tengan un retiro más largo. *Estas cargas sobre los sistemas de seguridad social de los países son insostenibles.*

En pocos años veremos el aumento exagerado de la edad del retiro y las demás condiciones para que una persona se pueda jubilar van a ser infinitas o imposibles. O simplemente les van a terminar diciendo lo inevitable, "que su pensión será menor a lo que espera" o que "*el sistema de seguridad social colapsó y su pensión de vejez no existe*".

Por estas razones y muchas más las generaciones que actualmente están en condiciones de producir, tienen la obligación de **perseguir acumular riqueza** por todos los medios, de lo contrario enfrentarán la pobreza en la vejez.

Conformarnos con ser parte de una plantilla de empleados con ingreso fijo, miembros de la clase media es simplemente el camino a la pobreza.

Para revertir la desigualdad social solo hay un camino, que millones y millones de personas desarrollen su potencial de trabajo de una forma inteligente y se vuelvan ricos.

Así es amigo lector, EMIR SAMORES trae para ti:

Una forma práctica, sencilla y efectiva forma de explorar nuestras habilidades y ponerlas a trabajar al servicio de un cerebro capaz de proporcionarnos todo lo necesario para vivir en la abundancia, la riqueza y la plenitud.

Hoy perseguir la riqueza es una imperiosa necesidad del ser humano, más allá de la ambición, la riqueza es la seguridad.

Las grandes dificultades para convertirte en millonario están en crearte un marco de pensamiento positivo enfocado en tu futuro millonario, en cómo pasar del pensamiento a la acción, mientras eres un millonario en construcción que se lanzó por la riqueza y dejo atrás sus miedos y limitaciones.

Capítulo 1

El poder del cerebro millonario

"El gran descubrimiento de mi generación es que los seres humanos
pueden alterar sus vidas al alterar sus actitudes mentales"

William James

La magia de la mente

Magnetismo, encantamiento, hechizo y fascinación son palabras comúnmente empleadas para aludir a esa capacidad de influenciar tanto la mente propia como la de otros, es sencilla y llanamente la magia de la mente.

A lo largo de nuestro vivir nos hemos topado con toda seguridad con una tipología muy particular de personas que tienen la virtud de ejercer una irresistible e inexplicable influencia en otros, en sus afectos, pensamientos, incluso en sus mismas emociones, ese tipo de personas nos deslumbran desde un primer momento pues irradian una energía única, algo indescriptible que de ellos emana y que definitivamente se hace sentir.

Gracias al empleo de la magia de la mente, algunos han obtenido poder, otros posicionamiento social, otros fama y reconocimiento, otros riquezas en cantidad y los más afortunados lo han obtenido **todo**.

Así sucede cuando por ejemplo nos impresiona el solo andar de una persona que al entrar a un recinto acapara todas las miradas, o cuando entramos a un lugar y sentimos una peculiar comodidad al entablar conversación con alguien que nos transmita esa particular vibra o también en sentido negativo, cuando nos encontramos en un lugar rodeados de alguien a quien sin razón ni causa justificada repelemos.

La magia de la mente opera en ambos sentidos, atrayendo o rechazando.

El liderazgo es el vivo ejemplo de la magia de la mente accionando, ya sea en los niños, cuando advertimos a ese pequeño que siempre es rodeado por sus compañeros y a quien siguen dado el convencimiento y la seguridad que les transmite, en las familias o en las mismas organizaciones.

Todo esto, obedece más que al magnetismo o la misma superstición a una razón mucho más universal, a la ley fundamental de la naturaleza, una ley en permanente operatividad y a cuya influencia y efecto todo, absolutamente todo, se encuentra sujeto.

Cuando comprendemos y nos relacionamos con esta ley fundamental de la naturaleza, obtenemos la evidencia de la magia de la mente, ganancias en todos los sentidos, beneficios, ventajas y enseñanzas previsorias para los casos de tentativa de errores.

El poder de la mente, misterio o realidad

"La energía de la mente es la esencia de la vida"

Aristóteles

Aludir a la magia de la mente es hablar de lograr controlar las fuerzas ocultas de la naturaleza hacia ciertos propósitos y tal dominio deriva únicamente de su consciente uso y correspondiente aplicación.

Las fuerzas de la naturaleza se denominan ocultas dado que de manera voluntaria o involuntaria son posesión humana -no esotérica ni mística- y las empleamos en nuestra cotidianidad, de allí la connotación misteriosa que en torno al poder mental se teje.

Toda aquella fuerza o energía que de manera involuntaria o inconsciente hemos usado, es posible de ser racionalmente aplicada, esto es ejercer el poder de las fuerzas ocultas de la naturaleza.

Desde tiempos remotos, el poder de la mente o la magia de la mente ha sido empleado, camuflado bajo un sinfín de denominaciones, magia, hechicería, dogma, milagro, etc, esto no es más que la justificación, la evidencia palpable de la existencia de la elevada y poderosa fuerza de la mente humana conjugada con la voluntad, con la fe y con la imaginación.

En este sentido, los antiguos sacerdotes de Grecia, Egipto y muchas otras civilizaciones en sus ceremonias o rituales curaban enfermos, no precisamente por azar o poder sobrehumano, sino por la conjugación de la fe de los asistentes a los rituales y del enfermo mismo, quienes se alineaban en voluntad, fe y fuerza en función de las sugestiones que en ellos implantaban los sacerdotes.

Tal energía, tal fuerza era el producto de la unión de vibraciones del conglomerado y en aquellos tiempos los sacerdotes las empleaban para ejercer poder sobre los pueblos, gobernarlos y someterlos.

El poder de la sugestión mental ha sido, es y seguirá siendo **el instrumento de hombres privilegiados** para influir positiva o negativamente sobre sí o sobre otros y lograr consumar todo cuanto su mente haya podido crear, sin más límites que la fuerza de la propia imaginación.

La fuente del poder de la magia de la mente proviene de la mente de quien ejerce este poder, allí reside su único límite.

Frecuentemente la magia de la mente es empleada de manera involuntaria, con desconocimiento y obviamente de manera inefectiva, ello es la causa de muchos eventos contrarios, adversos e incluso desagradables.

Por ejemplo, quien quiere ser rico, pero vive pensando: "ya no quiero ser pobre", o "hasta cuándo vivir en la pobreza" está ejerciendo la magia de la mente de manera adversa a su objetivo, sin así quererlo.

Los efectos contrarios del desconocimiento o mal empleo de la fuerza de la magia de la mente no son castigos supremos ni sobrenaturales, son efectos obligados y lógicos del errado uso del mismo, es solo por razón de ello, es la consecuencia natural.

A cambio, otros se hacen maestros en el dominio de la magia de su mente y de allí que a ellos sí les resultan sus propósitos y planes, por ejemplo, una persona que conscientemente se propone la riqueza como objetivo de vida, organiza su campo de pensamientos para pensar en riqueza, enfoca sus deseos y le imprime la fuerza de su voluntad, siente la riqueza y actúa para hacer riqueza, está activando a su favor la magia de su mente, a ello se le denomina, la alineación consciente y subconsciente en un campo coherente de pensamiento.

Del mismo modo, el ejercicio consciente y dirigido de la fuerza de la magia de la mente tampoco es un premio, ocurre como consecuencia necesaria, lógica y racional del dominio ejercido.

Magia de la Mente y riqueza, una dupla excepcional

"Un hombre pinta con su cerebro y no con sus manos"

Miguel Ángel

Es denominador común en la historia de los hombres sobresalientes en el mundo de los negocios y de las finanzas el ejercicio de la magia de sus mentes dirigido consciente y cuidosamente hacia la atracción de la riqueza y muy importante su correspondiente multiplicación.

Esta es la razón que justifica el popular dicho que reza "la plata atrae la plata" o "los ricos siempre serán más ricos y los pobres siempre serán más pobres".

No es azar ni suerte, ni siquiera es por haber nacido en cuna de oro pues bien es sabido que millonarios de nacimiento han perdido su fortuna y han muerto en la total miseria es el poder ejercido orientado a la consciencia de riqueza que habita en su esfera subjetiva de valores.

Para el bien o para el mal, tú decides

"La frontera entre lo bueno y lo malo es permeable y cualquiera puede cruzarla cuando es presionada por las fuerzas de la situación"

Anónimo

Así como en el caso de los superhéroes de los cómics que tanto nos gustaban cuando éramos niños nos maravillaba la magnitud del poder que cada uno de ellos poseía en particular, así funciona el poder de nuestra mente, así de amplio, así de extenso, así capaz de lograr hazañas impresionantes. En el mismo sentido, los villanos o antagonistas de los cómics también tenían sus facultades especiales o poderes que eran empleados para el mal, incluso muchas historias se tejieron en estas aventuras respecto de algún aparato especial que regularmente era protegido por los superhéroes por temer que al caer en manos de los villanos su efecto sería absolutamente destructivo para el planeta y para la humanidad.

Ese efecto positivo o negativo del ejercicio del poder aludido para el caso de los personajes de los cómics es exactamente igual, en la medida en que la comparación lo permite, a lo que podemos lograr ejerciendo el poder de nuestra mente, consciente o inconscientemente y vale en gran medida la acotación porque el poder actúa indistintamente si lo premeditamos o no.

La fuerza de la magia de la mente, como toda fuerza de la naturaleza ni es buena ni es mala, simplemente es conforme a como se utilice. Aun cuando los resultados de su empleo sean positivos o terribles, la fuerza es siempre la misma, solo tú lo ejerces, solo tú decides cómo orientarlo.

La única protección ante el efecto adverso es en definitiva el conocimiento, solo así se podrían neutralizar los efectos negativos y remontar para poner el viento a favor.

Para controlar la mente hay que conocerla, una vez tengamos ese conocimiento comenzamos a ejercer el control y con ello el único destino es la consumación de nuestros designios, de nuestra voluntad y de nuestros más profundos deseos.

Si controlas la magia de tu mente, controlarás tu vida y obtendrás tanta riqueza como tal vez nunca antes has podido imaginar.

La analogía con los superhéroes no para, la criptonita que neutraliza o inhibe el poder de la magia de la mente existe, solo que, con otro nombre: **MIEDO**.

El miedo es por excelencia la influencia negativa y enervadora del estado mental perenne dirigido hacia la riqueza, la buena noticia es que bajo nuestro dominio reside la fuerza capaz de inmunizar sus efectos, y si en nosotros mismos está el antídoto, la conclusión obligada es que lo podemos solventar con el sentimiento contrario, la confianza.

Capítulo 2

Tu Poder te hará rico, no lo dudes

"Las personas que creen que tienen la facultad de ejercer cierto grado de control sobre sus vidas son más saludables, más eficaces y más exitosas que aquellas que no tienen fe en su capacidad para llevar a cabo cambios en sus vidas"

Albert Bandura

Evolucionando del pensamiento al estado mental perenne

La fuerza del poder de la mente, es la fuerza fundamental natural, hoy reconocida por la ciencia ante su irrefutable y comprobada evidencia bajo diversas denominaciones: telepatía, sugestión mental, transferencia del pensamiento y similares.

El caso es que como quiera que sea llamada, su magnitud traspasa la frontera del pensamiento aislado para evolucionar al **estado mental**.

Cuando esto sucede, quiere decir que el pensamiento ha sido fecundado por la energía del sentimiento, del deseo y de la férrea voluntad para consumarse en un estado que invade al individuo en lo más profundo de su interior y se manifiesta hacia el exterior de manera contundente.

Así se constituye en un estado perenne, en un estilo de vida y quien lo desarrolla cristaliza, concreta y logra sin lugar a dudas sus propósitos de vida.

En materia de riqueza, concretamente hablando, el estado mental perenne a alcanzar, fomentar y mantener consiste en: Pensar en riqueza (pensamiento aislado), sentir la riqueza, desearla (la fuerza del deseo), poner la voluntad al servicio de ese deseo y de ese sentimiento (la férrea voluntad), ese conjunto es lo que marca la diferencia, es subir de nivel es evolucionar del pensamiento a la concreción.

El deseo que habita en el subconsciente incita a accionar, la razón permite y la voluntad le imprime el poder.

El problema del pensamiento aislado radica en que hace que el deseo se disipe, se difumine, se debilite y desaparezca. El estado mental perenne fortalece el deseo y logra su expresión gracias a la anuencia del consciente para luego ser propulsado con la fuerza de la férrea voluntad

Aprender a desear es un arte de pocos

"Incluso cuando estaba en el orfanato, cuando estaba vagando por las calles tratando de encontrar algo para comer, pensaba en mí mismo como el mejor actor del mundo, Tenía que sentir la euforia que viene de la confianza absoluta en ti mismo. Sin ella, aparece la derrota".

Charlie Chaplin

La fuerza del deseo es medible sin lugar a dudas. Hay quienes desean algo de manera ligera, algo así como "algún día me sucederá, espero eso" y en el otro extremo encontramos a quienes construyen de su deseo una imperiosa necesidad.

Estos últimos consiguen intensificar de tal modo su necesidad que en efecto consiguen atraer que lo deseado venga a ellos o que ellos vayan a lo deseado, de un modo u otro, así sucede.

El criterio general es que no sabemos desear:

Cierto día, una mujer deambulaba por las calles absorta en su gran disgusto con el mundo por sentirse fea, pobre y sobre todo muy sola. Repentinamente, tropieza con un objeto metálico que llamó su atención, se trataba de una antigua y deteriorada lámpara dorada. Renegando de su mala suerte recuerda la vieja leyenda del genio de la lámpara y sin mucha esperanza se anima a frotarla, pensando en que seguramente estaría perdiendo su tiempo. Efectivamente, el genio apareció y muy amablemente le indicó que le concedería 3 deseos.

La mujer quedó estupefacta, y cuando reaccionó gritó con toda la ira que llevaba acumulada:

- *Quiero mucha Plata - a lo cual el genio categóricamente le respondió*

- *Tus deseos son órdenes para mí, ¡Concedido!*

- *Ya no quiero ser tan fea, ahora quiero ser ¡la mujer más bella del mundo!, el genio, ante su enfático pedimento solo respondió:*

- *Tus deseos son órdenes para mí, ¡Concedido!*

- *¡No lo puedo creer! – gritaba, saltaba, reía cual demente en descontrol y exclamó:*

- *¡No lo puedo creer, soy millonaria, soy bellísima, no lo creo!, ¡Me Quiero Morir! - Finalmente, el genio un tanto confundido le respondió:*

- *Tus deseos son órdenes para mí, ¡Concedido!*

Moraleja: ten cuidado con lo que deseas, <u>corres el riesgo de que se haga realidad</u>.

Nuestra naturaleza ha contemplado que toda puerta que toquemos se abra ante nosotros, el detalle es que la mayoría se concentra en sentarse junto a la puerta a esperar que la puerta se abra sola.

El deseo sin la voluntad se anula

"Algunas personas sueñan con grandes logros,

otras se quedan despiertas y actúan"

Anónimo

Sin deseo no hay voluntad y sin voluntad el deseo muere, esto es fundamental.

Sin embargo, como el vapor que se disipa en el aire al no ser conducido, así ocurre cuando el deseo no se propulsa con la fuerza de la voluntad, se anula, se hace ineficaz y termina desapareciendo.

La voluntad despierta, regula, dirige y conduce a la materialización del deseo.

Los cerebros millonarios están en pleno dominio de este conocimiento y lo aplican, trabajando deseo y voluntad en conjunto, deseos estimulando voluntad y viceversa.

Cuando en nuestra mente hay desorganización, es imposible accionar en función del deseo, de la voluntad y peor aún, es imposible la construcción del estado mental perenne. Al girar a nuestro centro de mando instrucciones en direcciones contrarias, la respuesta es la paralización o el resultado contrario al deseo último de la persona.

La mente educada obedece a la voluntad y no se desvía de su propósito. Mientras más firme, decidido y determinado sea el poder de esta, más conquistas serán llevadas a la columna nuestro haber personal.

Es la gran diferencia entre hombres débiles y hombres fuertes, entre pobres y ricos, entre ganadores y fracasados, la fuerza determinada y firme de su voluntad.

Más allá de contar con el talento o con la vocación, quienes tienen ese ímpetu, esa fuerza intangible, logran llegar más allá de los límites de la mente propia para trascender a lograr la premeditada influencia sobre las mentes de otros y de manera muy poderosa llevarlos a someterse a sus propios deseos. Esa cualidad-habilidad es propia de los grandes líderes de la humanidad (Ghandi, Mandela, Buda), de grandes vendedores y hombres de las finanzas (George Soros, Michael Bloomberg, Sam Walton), de políticos renombrados (Winston Churchill, Franklin Delano Roosevelt, Oscar Arias) y de amantes consumados (Julio Iglesias, Frank Sinatra, George Clooney).

Cerebro Millonario con Autosugestión

"El futuro que se ve, es el futuro que usted consigue"

Robert G. Allen

A partir de la autosugestión muchas personas han logrado rehacer sus vidas a partir de rehacerse desde el punto de vista mental.

La autosugestión tal y como se refirió en los anteriores volúmenes del cerebro millonario, es sencillamente la acción de influenciar nuestros estados mentales por intermedio de la palabra, la imaginación creativa y la visualización, todo esto combinado con nuestras funciones sensoriales.

La autosugestión puede ocurrir de manera activa y de manera pasiva. En ambas formas es un recurso que debe tenerse en cuenta en esta parte en la cual estamos llevando a la práctica todos los conocimientos que hemos adquirido a lo largo de esta apasionante aventura.

La autosugestión activa ocurre por mandatos directos: tales como las afirmaciones, las proclamas, los decretos y las repeticiones.

Por su parte, la autosugestión pasiva o indirecta, ocurre por efecto de la insinuación, por asociación o por inserción de ideas: por ejemplo, el mapa del tesoro, las imágenes referenciales de aquello que deseamos y los modelos a seguir (mentores, fuentes de inspiración).

Existen autores que opinan que la sugestión activa es la cara masculina y la pasiva la cara femenina de los modos de influencia mental. Lo cierto del caso es que ambos modelos son eminentemente útiles.

Así como macho y hembra se unen para complementarse, del mismo modo sucede con la sugestión activa y la pasiva pues entre tanto la primera estimula la parte motora de la mente, la segunda estimula la parte emotiva y ambas son cruciales en esto de construirnos como un modelo generador de riqueza infinita.

Capítulo 3

Formándonos para ser Millonarios

"Tú eres aquello que haces, no aquello que dices que harás".

C.G. Jung

Procrastinar, un enemigo a vencer

¿Por qué posponemos lo que sabemos que debemos, queremos y podemos hacer hoy?

¿Cuántas veces en los propósitos de año nuevo están justamente los mismos deseos del año pasado que, aunque muy importantes, nunca llegaron a convertirse en realidad?

Eso es precisamente **la procrastinación**, un problema común y extendido de la sociedad que afecta a todas las personas, en todos los sectores de la sociedad.

La procrastinación parece no ser peligrosa, pero lo es; posponer algunas acciones importantes, aunque parezca no afectar sí lo hace, y mucho.

Procrastinar es posponer el éxito y esto señores, no es punto de negociación, no cuando menos en quienes estamos encaminados a la consecución de la riqueza exponencialmente multiplicada.

Dejar para luego lo importante por estar sumergidos en la rutina diaria, en los urgentes e inaplazables, puede convertirse en un hábito negativo de vida, en una costumbre que luego será muy difícil de erradicar, más aún cuando en realidad, son estas acciones pospuestas las que precisamente tienen potencial de cambiar nuestras vidas.

¿Por qué diferimos acciones importantes, aun cuando sabemos que son muy necesarias?

Una de las primeras respuestas es porque sencillamente tenemos el poder de posponer esas acciones, pero en realidad la respuesta está en la resistencia al cambio, en la tendencia a sentirnos protegidos al permanecer en la **ZONA CÓMODA.**

Es más sencillo posponer una tarea importante que asumir el reto de emprender el cambio y todo lo que ello supone. En este sentido la **autodisciplina** es el arma fundamental de quienes no solo se autodenominan ganadores, sino que se sienten como tales.

Parte del auto compromiso es no dejar para luego lo que se puede hacer hoy, aunque amerite esfuerzo.

Otra de las causas de la procrastinación es la excesiva cantidad de distractores que tenemos a mano. Si tenemos como propósito iniciar la escritura de un libro por ejemplo, en casa tenemos cientos de canales de televisión por suscripción con deportes, películas y series, además internet, redes sociales, streaming y muchos otros sistemas de entretenimiento que bien pueden llevarnos a dispersarnos de nuestro propósito.

Nunca en la historia humana hubo tantas alternativas de entretenimiento para el disfrute del "tiempo de ocio". Por ello, el tiempo que le debes dedicar a actividades importantes para tus propósitos terminan en horas de entretenimiento.

Entiéndase que no es renunciar a la recreación, la diversión y el esparcimiento, es la justa medida de cada cosa, teniendo en cuenta nuestras prioridades.

Cuando nuestros propósitos quedan en estado pendiente en forma permanente y reiterada, nos encontramos en presencia más que de una situación de manejo de tiempo, de una seria muestra de incapacidad y disciplina para controlar nuestras emociones e impulsos.

La tendencia a la procrastinación como toda conducta puede ser minimizada, incluso erradicada, para ello hay herramientas de aplicación sencilla y sobre todo muy efectivas:

1. **Organiza tu rutina**: con una agenda, un poco de autodisciplina y organización trabajarás en esas tareas importantes.

Si te quedan actividades pendientes de jornadas anteriores, ponlos de primera prioridad para crear la cultura de atenderlo todo de manera efectiva.

2. **Configura tus propósitos por partes, en etapas y tareas:** una de las razones para posponer los objetivos importantes es que implican cantidades muy grandes de trabajo, esto intimida y causa resistencia.

Es más efectivo trabajar por etapas de modo que los logros intermedios sean un factor motivador.

3. **Haz un compromiso con la visión de ti mismo que tienes prevista para el futuro inmediato:** debes trabajar por el presente, pensando siempre en el mañana, eso te dará un impulso para no posponer tus acciones importantes.

Entre los hábitos más resaltantes y comunes de los millonarios está el gestionar sus negocios pensando siempre en el futuro, evitando conscientemente diferir cualquier tema importante, esto es parte de una cultura de calidad y mejora continua.

Cultura y educación financiera

"Si el dinero es tu esperanza para la independencia,

nunca la tendrás. La única seguridad real que un hombre

tendrá en este mundo, es una reserva de conocimiento,

experiencia y habilidad.

Henry Ford

Warren Buffet es sin duda uno de los hombres más inteligentes a la hora de producir dinero, este personaje compró su primera acción en la bolsa con apenas 11 años, aunque muy curiosamente hoy dice lamentarse de haber iniciado muy tarde sus inversiones en bolsa. Su primera inversión fue en la empresa *City Service Preferred*, una compañía que había estado repartiendo dividendos durante 20 años.

Una de las carencias de todos los sistemas educativos es la **ausencia de formación financiera**, de negocios y/o emprendimiento.

El sistema educativo actual es consecuencia directa de la revolución industrial, su objetivo era formar al hombre para esa sociedad industrial.

Si observamos de forma crítica cómo están dispuestos los salones de clase de las escuelas, vemos al profesor o docente impartir su rol desde una mesa o escritorio al frente de los alumnos, que están dispuestos en forma ordenada en cuatro o cinco filas ordenadas de mesones.

Esta disposición es la clásica que se utilizaba en las fábricas de principios del siglo XX, solamente que al frente estaba el supervisor y dispuestos ordenadamente frente a este los operarios fabriles.

La teoría del aprendizaje que ha privado desde entonces ha sido la conductista, según esta se imparte el conocimiento de forma unilateral y se persigue que el individuo se comporte de una forma determinada y pasiva, esta situación ha adormecido de gran manera el ímpetu emprendedor del grueso de las personas pues han sido formadas y preparadas para otro fin.

El sistema educativo actual ha sido exitoso en producir ciudadanos dependientes del empleo como funcionarios, obreros, militares, policías, comerciales y muchas otras profesiones. Pero este sistema **no ha podido formar** en forma masiva hombres y mujeres de negocios, precisamente por la **ausencia de educación financiera**.

Es vital que en esta era de la información, los niños aprendan educación financiera por lo menos desde los cinco años, tal cual es el empeño de los padres en que aprendan otros idiomas e informática.

La mayoría de los alumnos al finalizar la secundaria antes de ir a la universidad desconoce:

- Qué son los intereses y cómo se calculan

- Qué es una hipoteca

- Cómo leer un recibo de nómina: por lo cual desconocen todo lo relacionado a seguridad social, seguro de desempleo, ahorro habitacional, entre otros conceptos.

- Qué son los impuestos que debe pagar un trabajador o un pequeño empresario.

Estos conceptos tan básicos pueden significar la diferencia entre un arranque exitoso de un emprendedor joven o un fracaso, no existe ninguna justificación para que nuestros jóvenes no sean preparados para contar con herramientas para el manejo eficiente e inteligente de sus recursos.

Si bien es una realidad que muchos de los jóvenes no van a ingresar a la universidad, también es cierto que muchos otros van a desertar, otros cursarán carreras en donde tampoco recibirán educación en cuanto a las finanzas.

De esto podemos concluir que más del 90% de la población nunca ha recibido educación financiera.

Para el año 2.016 solo el 1% de la población mundial concentra la mitad de la riqueza del planeta, el 99% de la población restante se reparte en una forma groseramente desigual el 50% de la riqueza.

Un factor esencial que ha contribuido con tal nivel de desigualdad, es la ausencia de educación financiera.

¿Educan de la misma forma los ricos y los pobres a sus hijos?

"No es cuánto dinero ganas, sino cuánto dinero ahorras,

cuánto trabaja para ti y para cuántas generaciones tendrás".

Robert Kiyosaki

La respuesta es un NO rotundo y no tiene que ver con la calidad de las escuelas ni con lo costoso de sus atuendos.

Lo ricos en la mesa durante la comida o en sus espacios de intimidad familiar con sus hijos hablan de negocios, de oportunidades, de planes, de lo positivo que es hacer buenos negocios, de la importancia del trabajo inteligente, de lo positivo que es el dinero. Ellos en oportunidades acompañan a sus padres a actividades del negocio familiar, eso es formación.

La programación en el subconsciente del niño es invaluable para formar a un empresario, **Donald Trump el magnate de los bienes raíces y hoy Presidente de los Estados Unidos** de niño en sus días sin escuela acompañaba a su padre **Fred Trump** a visitar construcciones y a cobrar la renta de los inmuebles que eran de su padre.

Siendo muy joven **Trump** recibió de su padre un préstamo de un millón de dólares para iniciar su negocio inmobiliario, él tuvo que devolver el préstamo con sus respectivos intereses en los plazos acordados por su padre. El magnate inmobiliario sin duda fue formado financieramente.

- Todo niño debe recibir una sólida educación financiera tal cual como recibe educación en idiomas y en informática, pues vivimos en un mundo global e interconectado, pues también es un mundo movido por el dinero y quien entienda la dinámica del dinero tiene ventaja.

- La primera interacción de un niño con el dinero es porque se lo ha regalado un adulto, es para que aprenda que con ese dinero se pueden comprar juguetes y golosinas.

Es tu responsabilidad que aprenda el VALOR del dinero y lo que este representa, con ello contribuirás a desarrollar una cultura de ahorro y responsabilidad respecto del dinero.

- A partir de una edad temprana enséñale a tu hijo destinos diferentes del dinero que no sea el gasto, como las inversiones y el ahorro, abrir una cuenta de ahorros para el niño es una excelente iniciativa.

- Muchos niños entienden que el dinero sirve para obtener cosas preciadas y este se obtiene con una tarjeta y un cajero automático, pero a cuántos le han explicado cómo hacen sus padres para obtener esos recursos y su carácter limitado. Esto abre la mente a la necesidad de producir dinero desde pequeños.

- Enséñale a controlar gastos, la mesada, una pequeña cantidad de dinero semanal es una herramienta ideal para instruirse en el control de gastos, ahorro y en la responsabilidad.

Los aumentos de dicha mesada pueden estar asociados a responsabilidades en el hogar y en lo académico, el cumplimiento cabal de ellas puede acarrear un pequeño beneficio económico, esto es inculcar responsabilidad.

- A partir de los 12 años se pueden iniciar las inversiones en acciones y otros derivados financieros, en este punto lo relevante es crear conocimiento y cultura financiera.

Un ejercicio muy enriquecedor es ver los extractos financieros de los noticieros y enseñarle el impacto de los sucesos noticiosos en los mercados.

- Promueve el emprendimiento de tus hijos a edades tempranas, empresas como Google, Facebook, Microsoft, Airbnb, Skype y muchas otras nacieron en el garaje de la casa de los padres de los fundadores o en lugares inesperados.

Hoy día para iniciar un negocio millonario lo necesario es tener el conocimiento y la capacidad para poner en marcha un proyecto. Una idea innovadora e interesante siempre va a contar con inversores dispuestos a hacerse socios de una Start-Up potencialmente millonaria.

Regala un millón de dólares a tus hijos adolescentes

"Regla N° 1: Nunca pierdas dinero

Regla N° 2: Nunca olvides la regla N° 1"

Warren Buffett

Qué mejor regalo para tus hijos que darles la oportunidad real de alcanzar todos sus sueños y anhelos, que tengan la oportunidad de desarrollar plenamente todas sus habilidades y que puedan dedicar sus esfuerzos y su futuro a aquello que les despierte pasión y esa actividad pueda ocupar su vida aunque no genere riqueza, porque ya cuentan con independencia financiera.

Esto no significa que vas a erogar un millón de dólares al contado para cada uno de tus hijos, seguramente no posees esa cantidad como para regalarlo y tampoco es prudente hacerlo desde el punto de vista formativo.

Regalarles un millón de dólares a tus hijos es un ejercicio que consiste en aplicar un plan de desarrollo de habilidades económicas, financieras y de negocios en solo 7 pasos.

Tu solo vas a aportar un capital semilla muy pequeño para que sirva a los fines didácticos.

1. Te vas a reunir con tus hijos adolescentes, especialmente aquellos de 11 a 16 años y les vas a hablar sobre la necesidad de que se conviertan en personas con ambición de riqueza, pues solo con riqueza van a poder llegar a su pleno desarrollo personal e intelectual.

2. Puedes regalarle una cantidad de dinero simbólica, nunca más allá de 100 dólares, pueden ser 50 o menos incluso, esto con la condición que investiguen el interés compuesto y que en una simple hoja de cálculo determinen cómo y en cuánto tiempo pueden obtener un millón de dólares con el capital semilla que les estas dando.

El interés compuesto es una modalidad de la matemática financiera en donde los intereses son sumados al capital al final de cada periodo, por lo cual el crecimiento de un capital es lento al principio, pero con el paso de los años se hace más rápido el crecimiento, es lo fabuloso del interés compuesto.

3. Tus hijos quedarán maravillados y contrariados con el resultado que van a obtener con las hojas de cálculo. Maravillados porque verán que sí es posible obtener un millón de dólares gracias a los intereses y al ahorro.

Obtener un millón de dólares con un aporte inicial de 100 dólares, a una hipotética y exagerada tasa del 20% anual, tomará aproximadamente 47 años.

Si la tasa de interés es más real, aunque elevada aún de 10% anual, obtener 1 millón de dólares implica un poco más de 92 años.

También estarán contrariados porque los resultados para obtener ese apreciado millón de dólares es muy lejano, pero lo más valioso que habrás logrado será que aprendan sobre las matemáticas financieras y que se interesen por producir dinero.

Además, que estas construyendo su autoestima y desarrollando su cerebro millonario que desde ahora empezará a interesarse en producir dinero.

4. Tu reto ahora es mantenerlos interesados, si es posible ganar ese millón de dólares, no de forma mágica pero sí de forma inteligente y laboriosa.

Es imposible conseguir un rendimiento de 20% en dólares por cuarenta años sin que te falle el proveedor. La respuesta no es solo ahorrar, **es producir dinero**.

Si con tus hijos se proponen como equipo reunir **300 dólares** en unos seis meses para que sea el capital semilla de inversiones mayores, les habrás dado un propósito financiero a parte de su tiempo libre.

¿Cómo hacerlo? te recomiendo dos estrategias, los adolescentes siempre tienen un gran stock de videojuegos, aparatos y juguetes que no usan, si los convences de la pertinencia que los vendan, habrás conseguido enseñarles una herramienta valiosa que usan las corporaciones, conseguir liquidez vendiendo activos en desuso.

Otra forma es que ellos consigan dinero haciendo trabajos que no interfieran con sus actividades escolares, como lavar autos en el vecindario, pintar alguna pared en casa de unos vecinos, podar algún jardín, etcétera.

La finalidad de este ejercicio es inculcarles valores de trabajo y también a conseguir dinero de forma inteligente para un plan de futuro.

5. Al Final de estos primeros 6 meses poco menos o más puede haber conseguido tu hijo unos 300 dólares, más o menos en tu moneda local, con ello puede evolucionar a un negocio comercial, en donde invierta en alguna mercancía que pueda vender informalmente con una pequeña ganancia, para hacer crecer su capital.

Acá le enseñas qué es capital de trabajo y aprenderá el significado de la rotación de inventarios, entenderá de que si vende más unidades en menos tiempo ganará más dinero.

De esta forma se han construido algunas de las fortunas más grandes sobre la faz de la tierra, como la de la familia Walton, dueños del imperio de tiendas Walmart. Operaciones comerciales con pequeñas ganancias por unidad vendida, pero en volúmenes descomunales.

6. Luego de alcanzar unos 1000 dólares o su equivalente, se estima entre uno o dos años, aunque no hay un tiempo determinado, él puede destinar una fracción de su negocio comercial a iniciar operaciones de compra de acciones en la bolsa de valores.

Con esto aprenderá a participar en grandes negocios con una pequeña parte, con el monitoreo de las acciones entenderá la importancia de los mercados y cómo estos funcionan.

7. Al mantenerlos en actividades comerciales, siendo muy jóvenes con el dinero recaudado pueden evolucionar y cuando tengan alrededor de 20 años probar por ejemplo a comprar y vender autos usados.

En este punto ya habrán aprendido a hacer negocios y podrán reconocer alguna buena oportunidad.

Con el tiempo y los años podrán llegar al mercado de bienes raíces, es acá donde comienzan los millonarios pero, aunque apenas empiece a hacer inversiones en ese mercado no será tu hijo un principiante en los negocios, será un empresario conocedor con años de formación desde niño en el mundo de los negocios.

Siempre que tenga un traspié, en cualquier etapa debe volver a empezar, ya que para poder convertirse en una persona rica, cualquier punto medio es resignarse a abrazar la pobreza.

Y lo más importante habrás formado a tu hijo para ser un millonario, una persona plena que va a ser bendecida con la prosperidad.

Capítulo 4

Los fantasmas del fracaso

"Si al franquear una montaña en la dirección de una estrella, el viajero se deja absorber demasiado por los problemas de la escalada, se arriesga a olvidar cual es la estrella que lo guía"

Antoine de Saint-Exupery

Como sacar la pobreza de nuestra vida

Para sacar la pobreza de nuestra vida debemos entender antes qué es la pobreza y qué la causa.

La pobreza, desde el punto de vista económico, es la **carencia de recursos** para acceder a un nivel de vida adecuado, con cobertura sanitaria, alimenticia, educacional, de recreación, ahorro y seguridad social, entre otros factores relevantes.

Todo aquel que no cuente con recursos suficientes para explotar todo su potencial como ser humano y vivir en abundancia **enfrenta en cierto modo un grado de pobreza**.

Las causas de la pobreza son multifactoriales van desde desempleo, precariedad del empleo, falta de productividad, elevados impuestos, cargas familiares muy numerosas, gastos excesivos e innecesarios en vicios como las apuestas y el alcohol.

Lo que diferencia a los ricos de los pobres no es que los primeros tienen dinero de sobra y los segundos casi no tienen dinero. La diferencia por la cual unos pocos son ricos y la mayoría no está en **la** forma de pensar, en las ACTITUDES ante la vida y ante el dinero.

La brecha entre ricos y pobres con el paso del tiempo tiende a hacerse más grande justamente por la forma como piensan y ejecutan sus acciones.

Los ricos destinan para su sustento una parte de sus ingresos, el remanente lo invierten o lo ahorran. Por eso, si dejan de percibir ingresos en un momento determinado no necesitan afectar su nivel de calidad de vida, porque han acumulado suficiente.

En cambio, los pobres gastan todos sus ingresos en mantenerse y ante cualquier eventualidad se afectan notablemente respecto de su calidad de vida, porque no hay previsiones para las eventualidades.

Incluso es usual que personas pobres tengan comprometido su sueldo antes de percibirlo y regularmente, ante la llegada de un ingreso extraordinario optan por darse gustos y no prevén invertir en fuentes adicionales de ingresos ni tampoco ahorrar para tiempos difíciles.

Los ricos han proyectado su futuro, han tenido un plan, los pobres en cambio viven el presente esperando que el azar los lleve a la riqueza o peor aún viven sin ambiciones.

No es un tema de magia ni de suerte, Pensar y actuar como rico te llevará a la abundancia, pensar y actuar bajo la noción de pobreza solo conducirá a la pobreza.

Cambiando de actitud

"Una actitud positiva provoca una reacción en cadena de pensamientos, eventos y resultados. Es un catalizador y desata extraordinarios resultados".

Wade Boggs

Si la gran diferencia entre ricos y pobres se encuentra determinada por la actitud, la lógica nos lleva necesariamente a la conclusión de que para convertirnos hacia la riqueza debemos modificar nuestra actitud…

Ser un imán para el dinero o conseguir la riqueza y la habilidad de multiplicarla, no es entonces el resultado de un ritual secreto.

Si piensas como rico, tendrás riqueza, vamos a detenernos en este punto, pues es preciso hacer notar que pensar como rico no es llevar una vida cara y dispendiosa, vestirse de marca e ir a sitios exclusivos, aunque no estén al alcance de tus ingresos. Esto no quiere decir que no mereces cosas buenas y costosas en tu vida, claro que sí, tu naturaleza es la abundancia, pero el **pensamiento millonario** es siempre acumular más, siempre ganar más y hacer uso inteligente del dinero.

La riqueza bien utilizada sirve para garantizar tu futuro y el de tus hijos con óptimas condiciones de vida. Quienes presumen de lo que no tienen están en el camino de la pobreza real e intelectual.

Por ejemplo, **Warren Buffet**, el segundo hombre más rico del mundo según la lista Forbes en el 2.017, es un hombre sencillo que a pesar de ser multimillonario vive en una vivienda de clase media, la misma desde hace más de 40 años, su familia y conocidos se enteraron de su gran riqueza porque su nombre comenzó a sonar en las publicaciones más famosas de Norteamérica. Toda una lección de humildad e inteligencia emocional.

Pensar como rico, en muy buena parte es trabajar por tus objetivos y destinar sólo una fracción de tus ingresos a tus gastos normales y necesarios.

Destinar parte de los ingresos a invertir, ahorrar y a desarrollar una nueva fuente de ingresos es pensar como rico. Las personas exitosas siempre piensan en el futuro, esto es importante tenerlo en cuenta siempre.

Aquel que piensa que gastar dispendiosamente es pensar como rico hace justamente lo contrario porque vive más allá de sus posibilidades y no está preparándose para el futuro.

El pensamiento millonario vs el pensamiento pobre

"Si no te gusta algo cámbialo; si no lo puedes cambiar,

cambia la forma en que piensas sobre ello"

Mary Engelbreit

La forma de pensar ganadora es una **ACTITUD** inquebrantable y obstinada en conseguir el éxito. Esa visión es la del hombre rico en **PENSAMIENTO, VISIÓN Y ACCIÓN**.

Los triunfadores siempre centran sus pensamientos, conversaciones y emociones en nuevos proyectos e ideas, no paran. Siempre optimistas del futuro, en cambio la gente pobre piensa y habla solo de los problemas que les agobian sin hacer mucho para superarlos.

El poder de tu **cerebro millonario** es atraer tus deseos y más profundos en forma de pensamientos y en forma de acciones, de tal modo que si tienes riqueza y progreso en tu mente eso traes a tu vida.

Es fundamental entender que la riqueza o la pobreza son condiciones circunstanciales que dependen de las decisiones tomadas y los aprendizajes recibidos en el pasado. Pero **la futura riqueza o pobreza del mañana depende de lo que hagamos hoy**.

También, es preciso añadir que el buen auto concepto, conocimiento, los hábitos saludables, la curiosidad y la capacidad de tomar acertadas decisiones son también, entre otros no menos importantes, atributos necesarios para alcanzar la riqueza, sobre esto haremos mención importante en el próximo capítulo.

Acá algunas diferencias del pensamiento pobre y el pensamiento millonario.

Pensamiento Millonario Pensamiento Pobre

Creo en mí, mi vida es el resultado de mis decisiones Mi vida es lo que me trajo el destino.

Estoy absolutamente seguro que estoy saboreando la riqueza Sería bueno ser rico, quizás algún día

Invierto para ganar Invierto para ver si funciona o mejor gasto

Pienso en una empresa nacional de proyección internacional Pienso en ser empleado o si se puede, algún día, en un negocio pequeño.

Pensamiento Millonario	Pensamiento Pobre
Veo oportunidades, incluso en la dificultad	Veo obstáculos, todo tiene un pero, todo es muy difícil
Admiro las capacidades de la gente exitosa y rica	Detesto a la gente rica porque son corruptos, malos o avaros
Me relaciono con personas positivas y exitosas	No tendré nunca el éxito que tienen otros, el éxito no es para mi
No me conformo, cada vez hago por generar más ingresos y encuentro las formas de multiplicarlos	Quiero un sueldo fijo, con eso es suficiente

Pensamiento Millonario   Pensamiento Pobre

Pensamiento Millonario	Pensamiento Pobre
Soy capaz de asumir cualquier reto	Todo depende, si es difícil ni me molesto en hacerlo
Trabajo con pasión, pensando siempre en hacer más dinero	Me interesa solventar mis gastos, lo demás es ganancia
Administro mi dinero con criterio de escasez, pensando siempre en multiplicar	Me encanta gastar y gastar, merezco darme mis gustos
Logro que mi dinero trabaje para mí, siempre encuentro la forma	Trabajo por mi dinero, si no lo hago no gano
Ante la incertidumbre me atrevo y tomo el riesgo	Ante la incertidumbre me asusto, me paralizo, mejor voy a lo seguro
No me conformo, siempre voy por más	No tengo que cambiar lo que funciona
Seré cada vez más rico	Aunque no lo quiero, seré siempre cada vez más pobre
Mis negocios siempre traen éxito	Cuando el pobre lava llueve.

Las preocupaciones y el estrés

"No creo en tomar la decisión correcta, yo tomo una decisión

y la convierto en correcta".

Muhammad Ali Jinnah

Las preocupaciones y el estrés son normales en todas las personas, más en aquellas con metas, propósitos definidos y alto sentido de la responsabilidad.

Aun así, es decir, aunque sean un componente **"normal"** es preciso entender que se constituyen como principales **enemigos silenciosos de nuestra vida, si no tomamos en cuenta los mecanismos óptimos para manejarlos, minimizarlos o neutralizarlos,** por eso es importante conozcas sus causas, síntomas y consecuencias.

Las situaciones de preocupación son tan comunes que nos acostumbramos a ellas y por ello, dejamos de prestarles atención, sin percatarnos de que en realidad día a día van afectando nuestra salud física y psicológica, punto fundamental.

La parábola de la rana y el agua caliente ejemplifica claramente lo que hacen el estrés excesivo y las preocupaciones con nuestra vida:

Unos científicos probaron la respuesta de los estímulos sensoriales llevando una rana viva a una olla de agua hirviendo, esta lógicamente saltó como una respuesta de su estímulo de supervivencia y salvó su vida.

Pero se cambiaron las condiciones y se sumergió la rana en agua tibia en la olla, a esta se le fue subiendo la temperatura de forma muy lenta y gradual, entonces, la rana fue compensando lentamente los cambios hasta morir en agua hirviendo sin darse cuenta.

Así operan el estrés y las preocupaciones en nuestra vida, poco a poco, sin darnos cuenta hasta que se somatizan sus efectos y se conviertan en **enfermedades graves**.

Cuando estás permanentemente en una rutina estresante, es pórque entre otras cosas no tienes claros tus objetivos y no disfrutas de tu rutina.

Las personas se percatan de las consecuencias de las preocupaciones solo cuando están empiezan a manifestarse en detrimento de su salud, **justo en ese instante se hacen conscientes de que no vale la pena preocuparse de esa forma**, porque la salud física y psicológica no tienen precio, lastimosamente, el proceso reflexivo llega ya cuando el mal se ha manifestado.

A nivel **físico** las consecuencias del estrés y las preocupaciones se pueden observar en **síntomas** tales como taquicardias, sudoración en las manos, dificultad para respirar, resequedad en los labios, dolor de espalda, aumento y disminución súbita del apetito, constricción intestinal, inflamación de colón o duodeno, diarrea, dolor de cabeza, gripe, alergia, migraña y muchos otros síntomas.

A nivel **emocional o psicológico** nos conseguimos con ira, depresión, angustia, irritabilidad, pánico, insomnio, dificultad para memorizar, problemas sexuales, dificultad para tomar decisiones y muchos otros padecimientos.

Al enfrentar reiteradamente situaciones estresantes sin resolverlas se participa de un **círculo vicioso**. Una situación estresante que no se resuelve trae más preocupaciones y problemas, así como las inquietudes crecen, algún problema laboral, afecta todo el trabajo y luego la vida familiar, alterando todos los aspectos de la vida hasta somatizarse como una posible enfermedad.

¿Qué hacer ante las preocupaciones y el estrés?

En principio, hay que atacar la causa más que el efecto.

Esta malévola dupla se hace presente en nuestras vidas por la dificultad o la frustración que sentimos al no poder resolver problemas diarios, eventuales u ocasionales. Otro de los temas que les permiten anidar en nuestras vidas ocurre cuando nos sabemos en una situación vulnerable de seguridad laboral, económica e incluso sentimental.

La tranquilidad económica y la superación de las preocupaciones por el dinero están asociadas a que las personas cuenten con una cantidad de ingresos pasivos superiores a sus gastos regulares, esto se llama **INDEPENDENCIA FINANCIERA** y es la situación ideal pues, si bien es cierto que para lograrlo hay que trabajar, justo el hecho de hacer que el dinero produzca solo, es un rasgo propio y común de quien ha adquirido la condición de millonario, alguien que bien sabe que para ser millonario no hay que "matarse la vida", alguien que comprende que la riqueza es tema de inteligencia aplicada y no se esfuerzo sobrehumano.

Entonces, hay que llegar al punto de hacer que el dinero produzca solo, esto es, vivir de ingresos pasivos, más explícitamente, de aquellos que son producto de un esfuerzo previo, premeditado y continuado de tal forma que al dejar de trabajar (producto de la planeación y de las decisiones acertadas) sigamos percibiendo ganancias suficientes por lo menos para mantener un adecuado nivel de vida y así podamos dedicarnos a actividades que nos llenen en otros aspectos y que puedan o no generarnos ingresos.

Para ello es necesario **tener la filosofía de que el capital trabaje para ti y no que tú trabajes para el capital.**

La independencia financiera no se consigue de un día para otro ni tampoco en un plazo corto, **esta situación es la consecuencia de planes ideados y trabajados por años que implican una utilización inteligente de los excesos de recursos.**

Otra fuente gigantesca de preocupación es no tener la seguridad de estar en el camino correcto que quieres seguir. **Si tu proyección de vida de largo plazo te causa preocupación es porque sencillamente tienes temor a no estar hoy en el camino correcto.**

Por ejemplo, si tienes un trabajo fijo que luego de 30 o 35 años de trabajo solo te va a dejar una jubilación o retiro insuficiente, tienes **un motivo de peso** para preocuparte por tu futuro.

Otro caso sería, que lleves una vida cómoda típica de clase media y te encuentras teóricamente bien, pero la realidad es que afrontar una enfermedad o un imprevisto te pudiera llevar fácilmente a la pobreza. A eso se le denomina una preocupación por una situación potencialmente peligrosa. Si es tu caso, en realidad la seguridad de tu nivel de vida es precaria y es preciso tomar acciones.

Para manejar, minimizar, neutralizar y/o superar el estrés y las preocupaciones necesitas comenzar a ejecutar las acciones necesarias para atacar las causas que lo producen, en tal sentido, resulta muy útil el ejercicio de auto reconocimiento por vía de la introspección, solo así podrán ser detectadas las circunstancias que los generan y planeadas las acciones correspondientes

Hay que ocuparse más que preocuparse. Estar en el camino correcto en **un plan de vida** que desarrolle por completo tus habilidades te dará la **tranquilidad**, el **equilibrio** y te permitirá **disfrutar** tu camino a la riqueza.

Ocúpate entonces y de una vez decide aceptar el compromiso de convertirte en una persona rica, próspera, plena y financieramente independiente, en una persona con un **Cerebro Millonario**.

La decisión… ¿la tomas?

"Sigue a tu corazón, pero lleva contigo a tu cerebro"

Alfred Adler

¿Cómo superar el miedo a las consecuencias de tus decisiones?

Emprender es siempre un camino complejo lleno de dificultades y riesgos, hacer exitosa una iniciativa requiere del ímpetu y la actitud del emprendedor, conseguir el mejor financiamiento, un marketing adecuado y que el mercado acepte ese nuevo producto o servicio, entre otros aspectos no menos importantes.

Vamos por partes, el riesgo siempre existirá y en ese orden es preciso concluir que todos los emprendimientos que son potencialmente exitosos, también son potencialmente fracasos.

La raíz del miedo de los emprendedores, no es simplemente a fracasar en un proyecto. **Los miedos vienen a tomar forma es en las potenciales consecuencias de tomar la decisión de arriesgarse.**

Un empresario no le teme a ser un mal administrador o que su proyecto simplemente no encuentre un nicho en el mercado, su temor es al posible escenario de encontrarse sin dinero, perder el estatus social y el respeto de sus colegas y familia, incluso existe el temor a ser abandonado por amigos, socios y aliados.

Las personas exitosas cuando toman la decisión de emprender están llenos de actitud y de energía positiva, están seguros que ante un posible fracaso habrán obtenido un gran aprendizaje y aún por encima de esta condición tienen la convicción de que **sin arriesgarse a fracasar jamás llegarán al éxito.**

Ellos saben que el fracaso de su proyecto es **una posibilidad**, pero toman la decisión de hacer todo lo posible porque esta empresa sea un éxito, su filosofía es acción antes que preocupación.

Ante interrogantes como: **¿y si pierdo mi dinero?** Pues la actitud adecuada del pensamiento es, si pierdo mi dinero habré aprendido mucho y habrá nuevas oportunidades para recuperarlo, además **sin riesgo no hay recompensa.**

¿Si me critican? La actitud ganadora no es otra sino seguir adelante, valorar la crítica constructiva e ignorar las críticas maliciosas.

¿Si me abandonan mis amigos y aliados? Sabrás que en realidad no eran buenos amigos y aliados.

El éxito es más que una circunstancia, es tu ACTITUD, tanto en el plano personal como profesional, vencer el miedo a las posibles consecuencias negativas de tus decisiones es el primer paso hacia un posible éxito.

El miedo al fracaso, viene de los pensamientos de las posibles circunstancias negativas que pueda ocasionar, conocemos hoy el poder de nuestro cerebro millonario y lo poderosa que es la ley de atracción, **una condición para ser exitosos es tener una convicción de pensamiento orientada al éxito.**

El pensamiento positivo es el único camino para avanzar en la vida, **el pesimismo te lleva a posponer tus sueños indefinidamente a procrastinar.**

Ante la duda hay que adelantarse

"He aprendido a usar la palabra imposible con la mayor prudencia".

Wernher von Braun

Desde que nace un proyecto como un pensamiento o una idea comienza dentro de la mente un escrutinio del pensamiento:

- Qué tan bueno puede ser el proyecto

- Qué potencial tiene esta idea

- Empresas similares han fracasado

- Mi amigo Pedro perdió su dinero arrancando una empresa

- Este puede ser el proyecto que cambie mi vida, ¿y si no es?

- El que no cuida lo que tiene a pedir se queda

- Para arrancar un proyecto así debo trabajar como 14 horas al día

- Esto es a lo que me gustaría dedicarme en mi vida, pero...

- Imagino tener empleados y todo el problema que eso significa

- Mejor sigo con mi trabajo fijo y espero por mejores tiempos

Lo fundamental para ir a la aventura creadora es hacer un análisis exhaustivo del proyecto y una vez estés convencido racionalmente de la pertinencia de la iniciativa, trabajar en vencer los miedos que te paralizan, sin miras atrás.

La combinación ganadora es una idea o proyecto inteligente e innovador con mucho entusiasmo y actitud positiva.

Entusiasmo excesivo sobre una idea poco pensada y mal formulada enfrentará malos resultados, aunque tengas una actitud positiva.

Recuerda que todos los días amanece, pero el tiempo siempre fluye y **mientras no te decidas a vencer temores y pasar del pensamiento a la acción, estarás posponiendo tu propio éxito.** Ten en cuenta que los más exitosos toman decisiones objetivas sin temor a las potenciales consecuencias negativas y esto lo hacen en base al conocimiento previo que se procuraron en torno a su idea, así minimizan la posibilidad de errar al momento de decidir.

El Auto sabotaje, una piedra en el camino

"La evolución espiritual no se manifiesta por la posibilidad de almacenar conocimientos, declamar verdades u obrar milagros, sino por la capacidad de corregir los propios errores"

Rudolf Steiner

El **éxito** es una condición subjetiva sobre el logro de un **objetivo** propuesto que implicó un **esfuerzo**.

Es subjetivo porque depende de la actividad volitiva de cada quien, es decir de la propia conciencia individual en torno a nuestros propósitos, sin embargo, cuando internalizamos que somos exitosos (léase bien: que somos y no que podemos ser) como profesionales o como personas, existe ya un parámetro objetivo real, un único destino, el éxito como consecuencia de tu **ACTITUD** de ganador.

Muchas personas salen diariamente a trabajar en busca del "éxito", lastimosamente pocas logran su cometido ¿la razón? justamente su errada búsqueda o mejor aún su propia conducta involuntaria obstaculizando sus propósitos.

Este auto sabotaje ocurre tanto a nivel consciente como inconsciente. Quienes se rinden por costumbre o con facilidad, quienes se resignan a una existencia promedio en donde el statu-quo le permita más o menos un nivel de vida **"aceptable"**, son algunos casos típicos. Estos modelos conductuales suceden por ceder ante el miedo a asumir nuevos retos, por caer en las garras del temor, consecuentemente al estado de paralización y por último por optar a mantenerse "protegidos" en la peligrosa **"Zona Cómoda"**.

Solo con dar un vistazo al entorno te darás cuenta que muchas personas han renunciado muchas veces antes de comenzar, gente cuyas vidas son totalmente ausentes de retos y ambiciones que impliquen un esfuerzo, ellos decidieron quedarse en la zona cómoda a la espera de que el azar o la suerte los saque de allí en algún momento (futuro condicional muy improbable, objetivamente hablando).

El auto sabotaje ha de ser primariamente reconocido si es que queremos tomar acciones pro éxito en la vida, para ello, resulta prudente aludir a las esperanzas de futuro del individuo y a las razones que las condicionan, veamos:

- **Personas que son residentes permanentes de la Zona Cómoda**: asumen resignados el rol que les da la sociedad, no toman la iniciativa de ser algo diferente, algo parecido a lo que está en sus sueños, si es que tienen sueños. Estas personas nunca han internalizado en su pensamiento que el éxito y la prosperidad es para ellos también, ellos simplemente desarrollan el rol en el cual el sistema los ha ubicado. No hay objetivos estrategias y metas en su esquema de pensamiento.

- **Ausencia de propósitos y objetivos de vida**: la ausencia de un propósito consciente de vida es una forma de auto sabotear el potencial éxito, no es posible, bajo ningún contexto alcanzar algo que antes hayamos visualizado, **los elementos del éxito son objetivos, actitud y esfuerzo.**

Es necesario analizar qué elementos componen el cuadro de creencias y pensamientos que residen en el individuo, en su mente profunda, en el **Inconsciente.** La programación recibida y su marco de pensamiento son un lastre que debe dejar atrás, puesto que están impidiendo una muy probable realidad exitosa.

- **Enfoque**: Perseguir muchas metas para terminar abarcando nada es la materialización del auto sabotaje al éxito. El dominio de un campo y la especialización son el camino para trascender.

Es imposible ser sobresaliente en muchos campos. Pero si te enfocas en aquellos en que tus capacidades son sobresalientes tienes una valiosa oportunidad para desarrollarte y alcanzar la riqueza.

La plenitud de un ser humano está signada por un equilibrio entre sus facetas como profesional exitoso, así como, en la faceta personal. Basar el éxito solo en los resultados financieros y de negocios es lograr el éxito sin crecimiento personal y esto es éxito incompleto.

- **Generar valor agregado**: hay personas que erróneamente piensan que el camino al éxito es el de conseguir más beneficios mientras menos aportas en esfuerzo y desempeño, esta situación, aunque parece provechosa superficialmente es en realidad una forma de sabotear el éxito de quien la ejecuta.

Las relaciones de largo término sólo son posibles si todas las partes se benefician, las relaciones duraderas solo son posibles si son de **Ganar – Ganar**.

El individuo que siempre está en busca de tomar valor de los demás a cambio de una mínima retribución, está condenado a ser abandonado por todas las personas de su entorno, porque eventualmente se sentirán explotadas.

- **Reconocimiento del mérito ajeno**: una condición del sabotaje del éxito a sí mismo es el no reconocer el valor y aporte de otros, la incapacidad para expresar agradecimiento y gratitud puede estar asociada a la auto creencia errónea que se merece más que ellos.

Es una muestra de narcisismo, esta condición llevada a un extremo puede ser catalogada como un trastorno mental caracterizado por la incapacidad de sentir empatía por otras personas y la necesidad de ser el centro de atención.

Es más que un deber, una obligación cultivar hábitos que permitan y promuevan el desarrollo exitoso de cualquier iniciativa.

Renunciando a las creencias limitantes

"Un prejuicio, a diferencia de una idea equivocada es activamente resistente en todas las pruebas que lo intentan desmentir".

Gordon W. Allport

Existe en nuestra mente profunda o subconsciente todo un compendio de creencias y valores que se han depositado en ese espacio de nuestro cerebro gracias a miles y miles horas de programación recibidas en nuestro entorno a lo largo de nuestro vivir.

Dentro de este marco de creencias, hay unas cuantas se han metido dentro de lo más profundo de tu mente sin tu permiso y lo único que hacen es atarte, son las llamadas creencias limitantes.

Las creencias limitantes son las que nos detienen en momentos críticos de la vida donde tomar la decisión correcta es necesario para capitalizar oportunidades de oro.

Lo complejo en torno a estas, es que son invisibles para la persona, aunque controlan sus juicios y su pensamiento de una forma tan relevante como para afectar seriamente sus objetivos de vida.

Las creencias limitantes comienzan a llegar al subconsciente durante la niñez y luego no paran, toda la vida continuamos recibiendo información del medio que nos rodea. Ahora bien, no estamos indefensos y eso es muy buena noticia, lo que sigue es **cambiar las creencias en el subconsciente con voluntad y estar en control de todo nuestro marco de pensamiento,** no solo del cerebro consciente.

Identificando las creencias limitantes

Para cambiar las creencias limitantes arraigadas en nuestra mente subconsciente, que solo truncan nuestro crecimiento, nuestro auto control y nuestra autoestima, es preciso antes saberlas reconocer:

- Mi vida es muy complicada

- Por qué cambiar lo que funciona

- Cuesta mucho encontrar un buen trabajo

- Ese carro es para gente rica

- El inglés y aprender idiomas no es para mi

- La gente es mala y envidiosa por naturaleza

- Los negocios buenos siempre son ilegales

- Cuando el pobre lava llueve

- Tengo mala suerte

- Siempre sucede lo peor que puede pasar

- Yo no soy capaz de hacerme rico

- Nunca tengo tiempo

- El trabajo es para los burros

- No hay un trabajo digno y bien pagado

- Siempre me pasa lo mismo

- Si monto una empresa y me va mal lo pierdo todo

- Tener empleados es lo peor del mundo

- Los sueños son para los tontos

- Todos los ricos son ladrones

- Si pienso diferente al resto seré un bicho raro

- Si me va bien solo tendré la envidia de mis amigos

- Si trabajo más que mis compañeros, seré un mal compañero, pues pondré en evidencia a los perezosos

- Mi esfuerzo no va a producir cambios, igual los ricos están completos.

- Es que la gente me tiene manía

- Los jefes siempre se aprovechan de mí

- Siempre pago los platos rotos de otros

- Me bloqueo siempre que me presionan

- Ser rico es malo

- No sueñes, las vacaciones en un crucero de lujo son para otro tipo de gente

- No soy capaz

- No puedo

Creencias como estas solo te quitan el poder de convertir tus sueños en realidad, **un factor común entre todas las personas que forjaron su éxito desde abajo es que vencieron sus miedos, sus creencias limitantes y se atrevieron a dar el paso de emprender.**

Para liberarse de estos patrones negativos de pensamiento es necesario luego de identificarlas, desarrollar un nuevo marco de pensamiento, un pensamiento positivo y ganador, esto se hace implantando en la mente subconscientes ideas contrarias que las reemplacen.

Es conveniente que comiences desde ahora a cuestionar tu realidad con especial atención y veras como se desenmascaran los mitos y te redescubrirás como un ser valioso, poderoso y destinado a alcanzar grandes sueños.

Veamos algunos ejemplos:

¿Mi vida es muy complicada?

¿Es realmente tan complicada tu existencia como piensas?

Los seres humanos vivimos ensimismados en nuestros problemas y frustraciones, pensando que son los más difíciles, mientras paralelamente vemos como hay personas que enfrentan situaciones complejas en realidad, como a una enfermedad potencialmente mortal por ejemplo, ellos a diferencia de los primeros, se fortalecen ante la adversidad, con la única voluntad de sanar. Ahora, ¿realmente es nuestra vida complicada?

Complicada es la batalla por la sobrevivencia, si tú y tu familia gozan de buena salud, cualquier reto que enfrentes es menor cosa.

¿El inglés y los idiomas no son para mí?

Esta falsa creencia en particular es tan tonta como peligrosa, si tú piensas que el aprender algo nuevo no es para ti, estás creando **una gigantesca resistencia al cambio** que significa aprender cosas nuevas.

El aprendizaje de un idioma diferente y en general cualquier aprendizaje es para cualquier persona que tenga la voluntad y la disciplina para estudiarlo y practicarlo.

Imagina el cambio de **ACTITUD** si cambias *El inglés y los idiomas no son para mí*, por *disfruto aprender inglés y otros idiomas, es un viaje fascinante a otras culturas puedo llegar a conocer muchas personas viajando.*

Esta creencia afecta directamente tu ACTITUD, que no es otra cosa que el cómo afrontas las acciones en tu vida.

¿No soy capaz de hacerme rico?

Hemos aprendido que tu ser, tu voluntad y tu cerebro millonario son capaces de convertir cualquier sueño en realidad con pensamiento positivo, actitud y acción.

Eres capaz de lograr todo por cuanto te decidas, pensar lo contrario es solo poner frenos y dudas en ti mismo.

No puedes sabotear tus sueños, por el contrario, el reto es convertir a tu subconsciente en tu aliado.

¿Tengo mala suerte?

Esta afirmación aparte de pesimista le entrega el destino de tu vida a las circunstancias de una ruleta de la suerte, que además de ser un concepto inexistente, cuando lo recreas lo haces como algo que siempre te es desfavorable.

Lo verdaderamente cierto es que tu presente es el resultado de las decisiones que tomaste en el pasado, esta es una realidad muy importante porque te permite ponerte en control absoluto de tu vida.

La suerte es un tema de **ACTITUD**, si un agricultor que tiene un 50% de probabilidades de que su cosecha cuente con la lluvia suficiente para que llegue a término y espera sentado simplemente a ver si madura, está entregando el éxito del proyecto a algo tan fuera de su control como las condiciones atmosféricas.

Si la cosecha no se da no es por mala suerte, NO, es simplemente el resultado de condiciones climáticas adversas. Que de ningún modo dependen del azar.

En cambio, si este mismo agricultor cambia su pensamiento negativo por acciones para mitigar los riesgos, tales como implantar un sistema de riego, aumenta las probabilidades de éxito de sus sembradíos hasta un 90%.

Él ahora es un hombre de éxito, que se siente bendecido por la fortuna y la suerte, pero **en realidad esa fortuna y suerte están es en su pensamiento y actitud.**

Capítulo 5

Millonario en construcción

De tu presente al millonario que vas a ser, tu plan personal

"Una planificación meticulosa permitirá, que todo lo que un hombre haga, aparezca como espontáneo"

Mark Caine

La felicidad es un concepto relativo y además muy subjetivo pues depende de la jerarquía de valores de cada quien.

Regularmente esa noción de felicidad contempla como aspecto común el tema de la riqueza, es decir, la mayoría de las personas ven en el concepto de la riqueza, en mayor o menor grado un importante elemento de la constitución de su felicidad, su paz y su equilibrio.

Lo cierto del caso es que ser rico es más que tener dinero, ser rico es estar en armonía con uno y con el mundo, en todo plano o faceta.

La última fase en la construcción del cerebro millonario es la combinación de todos los conocimientos y las herramientas suministradas a lo largo de esta gran aventura hacia nuestro mundo interior y que se resumen en el reforzamiento de las armas naturales de los individuos para dotarlos de todo componente necesario y útil en la conquista de la riqueza propuesta.

Es de atender con carácter prioritario, que para potenciar las fortalezas humanas en un mundo en el que predominan las creencias limitantes hay que aprender el arte de nadar contra la corriente y salir airoso de ello.

El perfil del cerebro Millonario

"Si usted no se conquista, usted será conquistado por sí mismo"

Napoleon Hill

La introspección es crucial. Es el elemento que sirve como punto de partida para la auténtica transformación, pues es a través de este mecanismo que realmente logramos conocernos y reconocernos, una vez logrado esto, podemos determinar qué aspectos de nuestras vidas ameritan ser modificados o potenciados en función del componente limitante que estos representen respecto de nuestras finalidades para así accionar de manera responsable y acertada.

Un cerebro millonario pertenece a una persona que reúne habilidades-cualidades que han sido sintetizadas en los siguientes componentes:

1. La cultura de la gratitud como filosofía de vida

2. Un propósito de vida, claro y precisamente concebido en mente y voluntad

3. El cultivo de buenos hábitos de vida: físicos (salud en general), mentales (quietud, paz, capacidad de asombro)

4. La autodisciplina y el auto empoderamiento

5. La actitud de vencedor, el optimismo

6. La proactividad y la resiliencia para afrontar la adversidad viendo en ella la oportunidad y la capacidad de salir favorecido

7. El conocimiento auto infringido

8. La afinación del sexto sentido y el impulso de imaginación creativa hacia la toma de decisiones acertadas

9. Enfoque y persistencia, disgregando la tendencia a procrastinación

10. Valentía y fortaleza como armas ante el miedo y el temor

11. Inteligencia emocional y asertividad

12. Extraversión, inteligencia relacional en amplio espectro.

Un Plan de Vida para cristalizar y materializar

De tu presente al millonario que vas a ser, tu plan personal

La organización y planificación es la herramienta que usan las personas y organizaciones más exitosas para alcanzar puestos de liderazgo a escala nacional, internacional y mundial.

Hoy más que nunca los sueños son posibles. Hace apenas ocho años **Brian Chesky, Joe Gebbia y Nathan Blecharczyk,** tres jóvenes veinteañeros decidieron crear un modelo de hospedaje alternativo a las cadenas de hoteles tradicionales, para ello desarrollaron una web, donde dueños de viviendas ofrecen sus casas para el hospedaje de viajeros.

El concepto ha sido una revolución en el turismo a nivel global y estos tres jóvenes de empezar una prometedora Start-up sin dinero, pasaron a liderizar una empresa valuada en más de 3.000 millones de dólares con más de 2 millones de avisos en 172 países. Este sueño se llama Airbnb.

Lo cierto es que para esta exitosa empresa trascendiera de una idea en la mente de estos tres jóvenes a una empresa de clase mundial, pasaron por un proceso de **organización y planificación** hace algunos años, donde dibujaron lo que querían ser al día de hoy.

¿Por qué entonces no aplicar esta probada metodología a tus propósitos personales?

Manos a la obra ¡Comencemos a diseñar tu plan!

La Definición:

El desarrollo personal en todo sentido y plano, implica crecer en todos los aspectos. La felicidad y la riqueza no son conceptos excluyentes en este sentido, por el contrario, la felicidad plena requiere de la riqueza.

Un plan de desarrollo personal equilibrado requiere abordar por lo menos cinco perspectivas de crecimiento:

- Perspectiva riqueza
- Perspectiva crecimiento personal
- Perspectiva familia
- Perspectiva salud
- Perspectiva recompensa

Para cada una de ellas vamos a desarrollar objetivos o propósitos de corto, medio y largo plazo, así, mediante el ejemplo, podrás evaluar la pertinencia de implementar en tu caso un similar instrumento para la consecución de la riqueza en amplio y abundante sentido:

- **Perspectiva riqueza**, engloba tus ambiciones económicas y de negocios, cuáles son tus anhelos en este campo y cómo quieres llegar a ellos.

Objetivo principal: *Crear una Stuart-up de clase mundial para publicar historias asombrosas de gente normal a través de web para alcanzar el mercado de hispanohablantes.*

De corto plazo: Tomar *3 cursos de formación como microempresario. Investigar las regulaciones internacionales en materias de derecho de autor. Definir y registrar un dominio web.*

De mediano plazo: *Elaborar el plan de negocios de la empresa. Captar y reclutar para el proyecto dos socios colaboradores con conocimientos profundos en media marketing y desarrollo de páginas web.*

De largo plazo: *Presentar el proyecto en comunidades de business angels y plataformas de crowdfunding para levantar los fondos para el lanzamiento del proyecto.*

- <u>**Perspectiva crecimiento personal**</u>, en esta área debes incluir los cambios internos que quieres alcanzar como persona, tales como la adopción de hábitos saludables de vida.

Objetivo principal: *Adoptar hábitos de millonario y mejorar mis habilidades de liderazgo y de interrelación.*

De corto plazo: Adoptar *los hábitos de las personas exitosas, autodisciplina, inteligencia emocional, asertividad, productividad y proactividad...*

De mediano plazo: *Desarrollar dotes de liderazgo. Relacionarme en círculos de emprendedores de Startups.*

De largo plazo: *Convertirme en multiplicador de cómo cambiar hábitos nocivos por hábitos de millonario.*

- **Perspectiva Familia**, llevar unas relaciones saludables, amorosas y en armonía con toda tu familia (incluye pareja) es fundamental para el desarrollo emocional de todos los miembros del núcleo familiar.

Objetivo principal: *Perdonar y sanar todos los resentimientos, dolores y rencores familiares.*

De corto plazo: Retomar *una relación amorosa con mis padres, dedicarles una tarde a la semana por lo menos a mis progenitores. Dedicar 2 horas diarias de tiempo de calidad a mis hijos.*

De mediano plazo: *Asistir con mi pareja a seminarios dictados por la iglesia para fortalecer los lazos familiares.*

De largo plazo: *Desarrollar en mis hijos una cultura de inteligencia emocional en las relaciones.*

- **Perspectiva Salud**, Los temas de salud son advertidos cuando se somatizan en enfermedades que se producen por hábitos insanos. Ser proactivo en el cuidado de tu salud es imperativo para vivir una vida plena y tranquila

Objetivo principal: Adoptar *una cultura de cuidado integral de la salud.*

De corto plazo: Tomar *chequeos integrales de salud anualmente.*

De mediano plazo: *Incluir en la rutina diaria 20 minutos de ejercicio aeróbico. Adoptar cambios saludables en la alimentación como restringir las carnes rojas a dos veces por semana y aumentar el consumo de proteínas vegetales.*

De largo plazo: 40 *minutos de ejercicio aeróbico al día. Alcanzar un índice de masa corporal de 25.*

- **Perspectiva Recompensa**, El viaje a la riqueza no tiene que ser un camino lleno de privaciones, es importante alcances aquellos sueños de ser humano como viajar, conocer y disfrutar la vida.

Objetivo principal: Disfrutar *sanamente de la vida...*

De corto plazo: Tomar *1 semana de vacaciones al año con la familia. Apuntarme a un equipo de bowling con mis amigos y jugar una noche a la semana.*

De mediano plazo: *Incluir una experiencia de deporte extremo al año, salto en paracaídas, submarinismo, rafting, parapente.*

De largo plazo: *Tomar con mi esposa un viaje de vuelta al mundo.*

Es de un valor trascendental que hagas un seguimiento mensual por lo menos cada dos meses para que ajustes tu plan, pues hay objetivos que deben reformularse y es necesario evalúes tu progreso.

Un plan de entrenamiento personal para fortalecernos

"Somos el resultado de lo que hacemos repetidamente,

la excelencia entonces no es un acto, sino un hábito"

Aristóteles

El plan de entrenamiento personal es la acción enfocada en el trabajo interior, una acción que debe ir de la mano con el plan personal que es de efecto hacia el exterior, para así dar cobertura integral a la transformación del llano cerebro al grandioso cerebro millonario.

Se trata de un programa permanente de reeducación mental de corto-mediano-largo plazo que conjugando la autosugestión por la vía de la escritura, de la afirmación y de la reiteración, sentará las bases para el fortalecimiento de las aptitudes y actitudes que describimos anteriormente y que conforman los requerimientos interiores de todo millonario en construcción.

Para ello, proponemos:

1. **Dos tipos de ejercitaciones diarias:**

   - Una matutina con duración de 10 minutos

   - Una nocturna con duración mínima de 5 minutos

Cuando los sentidos entran en letargo, las neuronas logran establecer más y mejores conexiones, es este el momento oportuno para emitir señales que las redirijan o las reeduquen.

2. **Modo de las ejercitaciones:**

   - En manuscrito

Ante la premisa de que si cambiamos nuestra letra algo cambiará en nuestro interior la ciencia ha debatido ampliamente, lo que sí es cierto e irrebatible es la plasticidad de nuestro cerebro, es decir su capacidad de ser reeducado, sugestionado para nuestro propio beneficio.

Desde el punto de vista de la psicología, escribir es un acto individual demostrativo de nuestra personalidad, así entonces, cuando escribimos activamos una gran cantidad de neuronas y, en consecuencia, profundos mecanismos de nuestro cerebro.

   - Afirmando a viva voz

   - Repeticiones durante el tiempo sugerido

   - Visualización conjunta con las afirmaciones y repeticiones

Las afirmaciones son ordenes emitidas a la mente subconsciente, estas aisladamente no llegan a su objetivo, entonces, al ser reiteradas y visualizadas, la mente consciente termina cediendo el paso a las ideas a implantar en el subconsciente convirtiéndolas en realidades que suplantan los patrones de pensamientos contrarios que ya se hallaban alojados en este.

3. Periodicidad

- Todos los días

- Todos los meses

- Todos nuestros años en lo adelante

- Ciclos de 3 meses renovables

Si queremos que nuestra transformación sea permanente, debemos hacer de esto un estilo de vida, una forma de vivir en la cual el trabajo interior sea una ineludible condición.

4. Finalidad

Desarrollar el campo coherente del pensamiento, según el cual, conforme se piensa, se siente, se habla y se actúa.

El plan de entrenamiento personal persigue lograr en el individuo que lo implementa, la convicción y certeza de la posesión de todas las habilidades y cualidades que se están trabajando.

El típico ejemplo y por demás demostrativo, lo encontramos en algo tan trivial como que un día de normal desenvolvimiento puede cambiar radicalmente si tan solo sonreímos sin causa aparente.

Ese cambio obedece a que la sonrisa actúa como una orden que genera convicción y certeza en la mente de que todo está andando bien y por ello es que se experimenta de manera inmediata la sensación de la plenitud y la felicidad.

Cuando actuamos como si sintiéramos una emoción en particular, terminamos sintiéndola, esto es un hecho científico y comprobado.

Las emociones o estados emocionales positivos (amor, esperanza, confianza, optimismo, fe, alegría) enriquecen a las personas y solo es la autoobservación lo que permite que el individuo identifique cuáles se encuentran presentes en él ya sea para acrecentarlos o para implantarlos.

Encontrando nuestras verdaderas motivaciones encontraremos el ánimo que nos proporcionará la fuerza para alcanzar nuestros objetivos.

Solo es preciso la convicción de realizar un cambio radical en los patrones de pensamientos y la persistencia para llevar a cabo el programa en su totalidad.

Desarrollo del Plan de Entrenamiento Personal

<u>PASO 1:</u>

Actividad 1: MI HOY

El día decidido para poner en acción tu transformación, comienza con el ejercicio diagnóstico.

Esto no es más que plasmar en papel nuestro estado actual, nuestro punto de partida:

Imagina que estás sentado frente a ti mismo, procede a auto observarte y escribir:

- *¿Quién eres hasta hoy?*

- *¿Cuáles han sido las victorias de tu vida? (al hablar de tu vida nos referimos a tus logros en el plano personal y para beneficio propio. Es decir, no tus logros como hijo o como padre o en favor de otros, son tus logros)*

- *¿Cuáles han sido tus fracasos?*

- *¿Qué quiero lograr? ¿Por qué estoy haciendo esto?*

- *Tus fortalezas, emociones positivas imperantes en tu carácter*

- *Tus debilidades*

- *¿Cuáles aspectos de tu vida requieren ser potenciados?*

- *Haz al final una nota agradeciendo tu pasado*

Colócale fecha y firma, conserva este documento en un especial lugar.

Actividad 2: Acuerdo – Compromiso

Procede a redactar los términos de tu Acuerdo – Compromiso.

Este será un documento en el cual adquirirás para contigo mismo el compromiso del cambio que inicias el día de hoy:

Yo, TU NOMBRE Y APELLIDO, declaro: que a partir de hoy he decidido iniciar un proceso de cambio en mi vida en el cuál sustituiré todas las creencias que hasta ahora me han limitado en la adquisición de la riqueza que quiero para mí. Me comprometo a llevarlo a término por el resto de mi vida y a realizar mis ejercicios diarios de manera persistente, permanente e imprimiendo toda la fuerza de mi fe y de mi voluntad en el cambio que decidí hacer para mi bien.

PASO 2:

La Ejercitación diaria

Los 12 componentes del perfil del cerebro millonario serán la base de tus ejercitaciones.

- Ejercitación matutina:

Una vez despiertes, toma lápiz y papel y comienza a construir 3 afirmaciones sobre el primer componente del perfil del cerebro millonario.

- En guion positivo

- En tiempo presente

- Hablando de acción y no de habilidad

- Sin expresar voluntad

Ejemplo:

"Acepto y agradezco todas las bondades que el universo me concede cada día".

"La gratitud es mi forma contínua de pensamiento, es un hábito que cultivo diariamente".

"Doy gracias por la felicidad y la alegría que todos los días me concede la vida".

Ahora, procede durante 10 minutos a concentrarte en lo que has escrito, lee a viva voz, repite pausada, concienzudamente y no olvides imprimir todo el sentimiento posible en esto que haces.

- Ejercitación nocturna:

Antes de dormir, durante 5 minutos (mínimo) vuelve a la hoja en la cual escribiste tus afirmaciones y comienza nuevamente a leerlas con mucha calma, a repetirlas en viva voz. Entre tanto concilias el sueño repítelas la mayor cantidad de veces posible, crea imágenes mentales relacionadas.

Durante 1 semana ininterrumpida trabajarás cada componente del perfil del cerebro millonario, es decir, la cultura de la gratitud será el trabajo de tu primera semana.

Todos los días en la mañana debes escribir tus afirmaciones, aunque sean las mismas del día anterior.

PASO 3

La evaluación y el redimensionamiento

Cada semana cambiarás de componente, esto es, para tu segunda semana trabajarás el propósito de vida, para la tercera los hábitos de vida saludable, para la cuarta la autodisciplina y el empoderamiento y así sucesivamente hasta completar en 3 meses el trabajo en los 12 componentes.

Una vez completada la primera fase del trabajo, volverás a la carta MI HOY, esa que escribiste iniciando el programa y en análisis retrospectivo procura evaluar o medir el cambio que hoy se refleja en ti.

Para iniciar la segunda fase, vuelve a hacer tu carta MI HOY y repite el proceso.

La idea es que esto sea un ciclo perfectamente estructurado que al concluir cada 3 meses te permitirá ver resultados y redimensionar lo que ahora corresponde mejorar en función del avance del programa en cada ciclo.

Recogiendo escombros

Toda obra en su fase de conclusión acarrea la tarea de eliminar los residuos.

Cuando una construcción de un gran edificio concluye, los resultados no serán fielmente apreciables hasta tanto no se desechen los escombros, se limpie y se ponga en su lugar cada detalle.

De modo similar ocurre con tu transformación.

Los desechos o los escombros estarían representados por todo pensamiento, conducta o acción que ha sido soltada y reemplazada con elementos que agreguen valor a esta versión repotenciada de ti, a la que tanto esfuerzo le has dedicado.

Antes de soltarlos, y en honra al aprendizaje, agradece desde los más profundo de tu corazón la enseñanza, si no fuera por esos condicionamientos que prelaron en tu mentalidad durante tanto tiempo y que efectivamente limitaron tu ascenso, hoy no serías quien eres… ¡un futuro millonario!…

"La mejor recompensa de convertirte en millonario

no es la cantidad de dinero que ganes.

Es la clase de persona en la que te tienes

que convertir para llegar a serlo"

Jim Rohn